DES SIGNES DU TEMPS

ET

MOTIFS DE CONFIANCE

PRÉCÉDÉS

D'UNE ESQUISSE EN GUISE D'AVANT-PROPOS

Par Aug. PAU

ANGERS

IMPRIMERIE P. LACHÈSE, BELLEUVRE ET DOLBEAU

13, Chaussée Saint-Pierre, 13

1870

AU LECTEUR

Vers la mi-novembre, m'étant proposé de publier quelques considérations sur la situation morale et sociale des temps présents, j'envoyai mon manuscrit à un des journaux de Paris qui ont l'honneur d'exciter le plus la curiosité du public intelligent et sérieux. Dans ma naïveté, j'avais cru à l'impartialité de ce journal, à la générosité bienveillante de son hospitalité.

Or, je m'étais trompé. Sans doute aussi j'avais trop présumé de la valeur de l'étude que j'avais essayée :

> . . . . Mes petits sont mignons,
> Beaux, bien faits, jolis sur tous leurs compagnons,

disait la chouette de la fable.

J'avais dû déplaire énormément : Quelques numéros de ce journal que je ne lis plus, depuis longues années, me donnèrent vite la preuve de mon erreur. Mes opinions étaient trop différentes de celles du maître. Fi donc ! N'aurais-je pas scandalisé et attristé profondément ses abonnés les plus fidèles ? Je préconisais une méthode trop opposée à son allure !... Surtout, pour rappeler en passant, un mot, connu, désormais historique, je n'avais pas fait court.... Le prélat fait long, avait-on osé dire de

Mgr d'Orléans, comme pour expliquer le retard que l'on avait mis à insérer son mémorable mandement.

Déjà toute l'Europe a lu et bientôt, grâce à l'activité courageuse et patiente, mais victorieuse de M. de Lesseps, le Christophe Colomb du xixe siècle, l'île de la Réunion, Pondichéry, l'Inde, le Thibet, la Cochinchine, les Mandarins, les bacheliers, les lettrés du Japon et du Céleste-Empire, auront lu l'expression burlesque si maladroitement appliquée à l'un des plus illustres et des plus vénérés évêques de notre patrie. L'éminent prélat, continuateur glorieux des Bossuet, des Fénelon, des Frayssinous, des Emery, des Boyer, des Lacordaire, ne peut trouver grâce devant l'injure. Suivant quelqu'un qui se laisse affoler par la peur d'être contredit ou égarer par une basse envie, le prélat entre mille torts, a celui d'être membre de notre Académie française. Grand cardinal, grand ministre, Richelieu, sortez de votre tombe. Et vous, messieurs de l'Académie, levez-vous; voilà M. X. qui vient vous apporter les lauriers de ses victoires et les dépouilles opimes des monstres qu'il a vaincus. Le recevrez-vous parmi vous? Monseigneur fait long.... Ce langage de taverne et de tripot ne rappelle que trop les cyniques licences des Scarron, des Piron, des Vadé et leurs pareils. Le vieux Rabelais en serait jaloux. Il brûlerait Pantagruel et Gargantua. Les peintres les plus hardis et les plus érotiques jetteraient leur palette et leurs pinceaux. Non, il n'est pas permis d'être à ce point le contempteur, l'ennemi de ces classiques de tous les temps qui joignent dans leur style, harmonieux et ferme tour à tour, au culte de la forme, sauf quelques regrettables exceptions, le respect des convenances et des mœurs. Et quel honnête homme, sain d'esprit et de cœur, ne s'étonnerait de telles scurrilités dans un journal qui constamment se vante d'une prudente réserve capable de rassurer toutes les mères, et d'une pureté immarcessible?

Aussi bien, l'atmosphère devenait lourde et embrasée, des nuages s'amoncelaient, des adversaires redoutables se préparaient à la lutte.

La rédaction devait courir au plus pressé. Je ne m'étonne ni ne me plains donc de ce que M. le Rédacteur n'ait pas jugé à propos de suspendre sa polémique habituelle, de se priver de donner un coup de sa lance redoutable, il ne pouvait faire une charge de moins sur ces indignes fils des croisés, ces dégénérés qui ne veulent pas reconnaître sa suprématie ni le choisir pour général en chef. D'ailleurs, quand il a flamberge au vent et qu'il s'en va-t-en guerre, je calque son propre langage, on ne l'arrête pas si facilement. Je ne veux point lutter contre X. Que ferais-je contre cet ennemi terrible, un lion à tous crins, exaspéré après avoir été, il y a quelques anneés, obligé de fuir devant les balles forcées du brave Gérard, de se sentir aujourd'hui poursuivi par les chasseurs les plus résolus et les plus expérimentés des deux mondes? Loin de moi la pensée de lui faire le moindre outrage, je laisse à d'autres le triste et ignoble métier d'insulteur, je ne veux qu'une chose. Je crois opportun de prévenir ceux qui auraient envie de passer par ses terres, d'avoir tous leurs papiers en règle, un témoignage bien authentique de docilité et de satisfaction, l'assurance bien fondée d'être accueilli par le maître de la maison. Je ne le nommerai pas, c'est trop délicat, bien qu'il se croie permis de traiter comme des misérables et des vilains les gens qui ne l'abordent qu'avec politesse et les égards qui lui sont dûs. Cependant, nommons-le pour l'instant et, pour cet instant seulement, Achille ou Juvénal; ces noms ne sont pas sans gloire. Choisissons... Achille soit... Mais ne plaisantons pas, car M. X... écrase tout sous le pilon de son ironie implacable. Qui sait le nombre des pauvres victimes qu'il a déchirées de ses dents de caïman quand, pour les immoler, il n'a pas préféré le premier procédé?

Les courtisans de dire :

> Vous leur fîtes, Seigneur,
> En les croquant beaucoup d'honneur.

Tout le monde l'avoue, Achille est homme de grand talent. Il a rendu des services et pourrait en rendre de plus précieux encore, car on ne peut douter qu'il aime franchement la religion, qu'il aime la France, qu'il aime la liberté. Mais, il faudrait qu'il s'appliquât à réparer plus d'un désastre qu'il aurait pu éloigner, à guérir des blessures saignantes qu'il a faites. Il serait indispensable qu'il consentît à modifier sa manière ; à dompter l'incontinence de son langage si âpre, si caustique. L'on dirait une lave brûlante qui serpente en descendant de la cime béante du Vésuve ou de l'Etna en leurs jours de colère. Il faudrait qu'il trempât sa plume, j'allais dire son stylet, dans une encre moins noire et plus jamais dans ce fiel infernal dont il a, je n'en puis douter, trouvé, il y a longtemps déjà, un gisement considérable. Il en garde le monopole et le secret. M. X... ne frappe pas toujours, il a une trompette pour célébrer ses héros, une crécelle pour faire bruit aux funérailles prochaines de ceux qui ont le mauvais goût de ne pas aller de temps en temps à son petit lever, lui brûler quelques grains d'encens afin de dissiper les fâcheuses odeurs de Paris.

Comme homme privé, Achille est facile, sociable, de joyeuse humeur quand il n'a point quelque pilori à dresser ou la sollicitude pressante de quelqu'incubation féconde. Il est bon ami, excellent père de famille. Il n'est polémiste et lutteur de profession que par suite de circonstances qui l'ont entraîné, hélas ! malgré lui, dans les hasards de cette carrière militante. Il aimerait cent fois mieux vivre obscur dans quelque village, au fond d'une province. Il serait maire ou sacristain indifféremment. Maire, il rendrait la justice à ses administrés, appliquerait les Institutes de Justinien ; couronnerait les rosières et, dans ses loisirs, enverrait du petit plomb aux moineaux fainéants qui perdraient le droit d'être classés scientifiquement et légalement parmi les oiseaux insectivores. Sacristain, il remplirait consciencieusement toutes ses fonctions, se gaudirait à sonner les cloches à toute volée. Il ne chercherait pas à en remontrer à son curé.

Ce n'est que quand il entend parler la poudre et le clairon du combat qu'il s'élance, mais dame, alors !... il croit avoir reçu la mission d'être l'exécuteur obligé des hautes œuvres de je ne sais quel tribunal, qu'étant jeune encore, il a entrevu dans ses rêves pendant une nuit de cauchemar affreux.

Madame de Staël a dit quelque part dans son beau livre sur l'Allemagne qu'une intelligence élevée, embrassant les dimensions de l'horizon, comprenant mieux les situations et les circonstances, rend la charité plus facile. Il me paraît donc que les hommes de lettres en général et M. X..., en particulier, devraient avoir plus de calme et plus de bienveillance envers le prochain. Pourquoi faut-il que dans les discussions qui devraient être les plus mesurées et les plus pacifiques, M. X... se laisse emporter par son ardeur. Craignant de rester en deçà du but, il se précipite franchissant les halliers, les fossés, tous les obstacles, sans crier gare, sans saluer en passant, même les plus vénérables et les plus illustres. Pour arriver au but, il s'imagine que les chemins les plus courts doivent être toujours préférés. Cependant la ligne droite n'est pas toujours la plus sûre et il ne sera, grâce à Dieu, jamais admis par les honnêtes gens que pour arriver à ses fins, même les meilleures, tous les moyens soient dignes, moraux, légitimes et permis. Il sera toujours vrai que, dans les controverses et contentions, la violence est ordinairement la preuve la plus convaincante que celui qui se la permet cherche à se faire illusion d'abord à soi-même, aux simples ensuite, enfin à suppléer à l'absence des bonnes raisons qui cependant seules ont une valeur intrinsèque et, seules, méritent d'être alléguées à l'appui d'une cause réellement respectable et importante.

En toute hypothèse, il n'est jamais honorable que les forts abusent de leur supériorité sur les faibles, sur ceux qui ne sont pas exercés à la lutte et ne sont pas habitués à manier les armes du combat.

Après ces considérations auxquelles j'ai donné peut-être trop de développement, au moment même où je formule des regrets à l'endroit de certains entraînements, imitant ces artistes inexpérimentés qui font les portiques plus grands que la maison, je me hâte, enfin, de prendre congé de M. X. . . . . Sans amertume et sans regret de ce qu'il ne m'a pas permis de m'asseoir un instant dans son sanctuaire, je lui souhaite sincèrement de progresser en toute sagesse et haute courtoisie, comme aussi de ne rencontrer jamais parmi ceux qui ne croient pas que tous ses jugements soient des oracles sans appel, que des contradicteurs avec lesquels il puisse se mesurer sans déroger et sans trop humilier ses lauriers..

Aug. PAU.

DES SIGNES DU TEMPS

ET

MOTIFS DE CONFIANCE

Témoins de quelques faits mal compris, en présence d'une certaine agitation, il est des hommes qui s'ingénient à s'alarmer outre mesure.

Comme la peur est mauvaise conseillère et qu'elle devient facilement contagieuse, nous croyons devoir dire à nos concitoyens de ne pas trop s'effrayer. Il serait déraisonnable de mal juger le présent et de douter de l'avenir.

Sans doute, les temps sont troublés, mais à chaque jour suffit son mal. Comme Français, comme citoyens, comme chrétiens, nous ne devons pas désespérer du lendemain. Il serait pusillanime de rêver partout des périls et de n'interroger l'horizon que pour y découvrir des nuages qui concentreraient dans leur sein toute espèce de foudres et verseraient sur l'Europe d'épouvantables calamités. Les hommes vraiment sages, tout en redoublant de vigilance et d'activité personnelle, ne doivent oublier jamais que, si la trame des événements contemporains se déroule souvent sous nos yeux d'une manière brusque et inattendue, il n'en est pas moins vrai que, du haut de son trône immortel, la main de Celui qui jamais ne sommeille est sans cesse tendue vers nous, toujours puissante pour tirer le bien du mal, l'harmonie du chaos, la paix de nos tumultes et de nos impatiences fiévreuses. L'homme s'agite, mais Dieu le mène. C'est lui qui dirige le char de l'histoire.

Aveugles sont ceux qui ne veulent pas voir l'empreinte de ses pas. Comme disait autrefois l'illustre Bossuet, « il élève ou abaisse à son gré les peuples et les rois. A tous il sait donner, quand il le veut, de fortes et utiles leçons. »

Il ne serait pas juste de nier que le temps présent nous offre déjà des signes qui peuvent sérieusement nous faire espérer des jours meilleurs.

Assurément, on ne peut voir sans émotion ces clubs qui, il n'y a que quelques jours encore, enflammaient chaque soir quelques milliers d'hommes qui, peut-être de bonne foi, se croyaient les plus purs citoyens, les meilleurs patriotes de la France entière.

Ces bouillants cratères se sont éteints sous le poids de leur impuissance. La partie saine et intelligente de la population parisienne a montré par son attitude ferme et mesurée comment elle sait comprendre et apprécier ces manifestations turbulentes qui ont eu, au moins, l'immense avantage de mettre encore plus en relief l'inanité de telles ou telles doctrines cent fois confondues et, surtout, d'édifier avec une évidence parfaite l'incapacité de quelques personnages que les sectaires des clubs s'étaient d'abord persuadés être des hommes plus grands que nature, capables de tout sauver, de faire disparaître toutes les inégalités, de supprimer tout ce qui gêne et de ramener l'âge d'or au sein de notre pauvre humanité. O poètes des Folies-Belleville et autres lieux ! Le Dieu du Sinaï n'était point avec vous sur ces cimes, parmi les orages et les éclairs. Vainement vous vous êtes posés en législateurs, en prophètes de l'avenir. Les bruyantes acclamations de la foule ne retentissent qu'une heure : éphémères sont les joies du Capitole. Il n'y a que les Sages qui fondent les nations et conquièrent avec la juste et durable admiration des contemporains, la reconnaissance de la postérité. O bénévoles et candides auditeurs ! ô candidats à jamais illustres ! Vous êtes venus, on vous a entendus ; vous avez vaincu.

Or, je le répète, l'attitude calme, stoïque de la population parisienne en présence des clubs, malgré l'originalité des exhibitions qui y étaient faites en vue d'attirer et affriander la foule ; malgré les discours qui y étaient proférés, depuis les plus brillamment empanachés jusqu'à ceux qui s'y traînaient péniblement, essoufflés sur le macadam le plus anguleux, cette attitude, dis-je, prouve surabondamment que l'ère de la démagogie brutale et sanglante a entendu sonner sa dernière heure, avec le dernier coup du tocsin qui faisait tressaillir nos grand'mères et ceux de nos pères qui n'avaient pu avoir l'honneur de marcher contre l'étranger.

Quand on réfléchit sur les problèmes de notre temps et que l'on voit des hommes que de longues distances séparaient naguères se rapprocher les uns des autres, on sent qu'une révolution pacifique se prépare. C'est un encouragement puissant et une consolation profonde. Nous voyons, en effet, à l'heure présente des hommes considérables de tous les partis s'appliquer loyalement sans rien trahir de leurs affections, sans rien déserter pour faire prévaloir les droits imprescriptibles sur lesquels doivent s'appuyer les nations comme sur une base inébranlable. Pour sauver le pays, tous voudraient fonder, et ce serait leur plus douce et plus impérissable gloire, l'alliance si désirable de l'autorité et de la liberté. L'établissement de l'alliance cherchée est le programme de tous les hommes sérieux qui se respectent, n'obéissent point aux sommations des clubs, veulent garder la liberté de leur parole et l'indépendance de leurs convictions. En effet, la question sociale et politique est là tout entière. C'est à l'autorité et à la liberté de s'harmoniser en s'équilibrant comme s'équilibrent l'attraction et la force centrifuge, ces grandes lois qui régissent le monde matériel. Il est vrai, la difficulté sera toujours de dire clairement les limites précises jusqu'où peut aller l'autorité sans tomber dans l'abus de pouvoir, jusqu'où peut aller la liberté, sans dégénérer en licence. Mais comme il est déloyal de confondre l'autorité avec les erreurs du pouvoir, il ne l'est pas moins de confondre la liberté avec la licence. C'est par suite de ces malentendus regrettables que l'on s'est acharné avec tant de violence contre l'autorité elle-même, comme si de ses entrailles étaient émanés fatalement autant de crimes de lèse-majesté humaine, tous les malheurs qui sont venus peser sur les nations ; aussi, ce grand principe a-t-il reçu dans ses retranchements des assauts terribles dont le bruit retentit encore dans le monde entier.

D'un autre côté, des hommes sincères, émus des écarts anciens et récents de la liberté, voudraient appeler sur elle toutes les réprobations ; à ceux-là disons de ne pas prendre la liberté pour sa hideuse caricature. La liberté véritable, loin de déchaîner les mauvaises passions, s'applique de toutes ses forces à les contenir. Elle veut perfectionner et non corrompre, élever au lieu d'abaisser tous les mérites et tous les droits sous un niveau sauvage, créer au lieu de détruire, encourager tous les devoirs, maintenir inviolés les sanctuaires de la religion et de la famille, garantir tous les liens moraux et matériels.

Cette liberté, l'aspiration de tant de grands esprits et de tant de nobles cœurs, naîtra-t-elle sur ce monde ? Oui, elle naîtra. Comme autrefois nos premiers parents naquirent parmi les jardins enchantés d'Eden, dans tout le radieux épanouissement de leur beauté, toute la force de leur ma-jesté, elle naîtra, elle aussi, splendide, douce et puissante, au sein des nations chrétiennes, l'élite de l'humanité.

C'est de son union féconde avec le Christianisme qui, par sa nature, redoute non moins les autocraties sans frein que les républiques oppressives, que seront engendrés la li-bération des nations et le salut de l'avenir.

Serait-ce alors l'avénement de cette démocratie univer-selle qui, suivant quelques-uns, doit absorber un jour, en les attachant à un centre unique, toutes les nationalités, montant comme une inondation immense jusque sur leurs plus hautes cimes ? Cette centralisation civile et politique, ne tenant nul compte de la variété qui est aussi une loi du monde, enveloppant tous les peuples les plus divers de mœurs, de tempérament social, ayant chacun sa langue, sa tradition, son histoire, son but spécial, son rôle distinct dans le mouvement général, cette centralisation jusqu'à présent inconnue nous paraît de tout point irréalisable.

Nous ne croyons pas non plus à la formation de ces groupes considérables qu'une nouvelle école voit surgir dans un prochain avenir. Cette agglomération des races latine, slave et germanique en trois groupes compacts et organisés ne pourrait jamais durer plusieurs années.

Ces colosses aux pieds d'argile s'affaisseraient sous leur propre poids. Tels sont tombés les vieux empires de Ninive et de Babylone; les plus grands génies n'ont pu les empêcher de crouler. Tel a fini l'empire d'Alexandre de Macédoine; tel, dans notre France, celui de Charlemagne.

Que l'on ne nous objecte pas certaines agglomérations récentes. Quelle est leur force de cohésion? Attendons l'épreuve des années. L'expérience nous montrera à qui profiteront ces périlleux et ambitieux essais. Nul ne saurait dire maintenant jusqu'à quel point le ciel sera plus serein et le soleil plus doux à ces nombreuses nations condamnées à être parquées malgré elles dans la même enceinte, sous le sceptre redouté du même royal berger.

Ce qui est hors de toute hypothèse, ce qui est garanti partout, ce qu'il y a d'honneur et de vrai patriotisme dans le cœur des hommes, c'est que jamais, non jamais, toutes les nations ensemble ne s'abdiqueraient elles-mêmes au profit de telle ou telle théorie, de tel ou tel gouvernement dictatorial, monarchique ou oligarchique, de tel ou tel maître, fût-il des proportions les plus légendaires et les plus gigantesques. Elles ne se soumettraient jamais servilement ni au plus adulé des tribuns ni au plus vaillant des césars.

Un des signes du temps, c'est ce mouvement irrésistible qui pousse les peuples les uns vers les autres. Ce n'est pas exclusivement au profit du commerce et de l'industrie que s'accomplissent ces merveilleuses conquêtes de la science moderne, que les distances sont anéanties, que les peuples se tendent fraternellement la main ; tout cela profitera et profite déjà à l'Evangile, la cause qui domine en souveraine, même toutes les plus nobles causes. La vérité se fera jour dans les esprits, les préjugés entassés par les siècles se dissiperont peu à peu, les antipathies nationales et jalouses finiront par disparaître. Chaque jour les missionnaires de la bonne nouvelle, nous racontent que les îles les plus lointaines se sentent émues de mystérieux tressaillements, que les nations de l'aurore non-seulement ouvrent de nouveaux ports à nos vaisseaux, mais deviennent de jour en jour moins inaccessibles aux lumières de la civilisation chrétienne. Elles sont comme dans l'attente d'événements futurs qui leur apporteront de précieux bienfaits.

N'est-ce pas un symptôme consolant pour le penseur et pour le chrétien que ce concile qui se prépare ? De tous les pays les évêques accourent se joindre à ceux de nos contrées civilisées et libres.

Ensemble ils signaleront les erreurs et les mensonges qui égarent les hommes, toujours trop enclins à se laisser fasciner par des mirages trompeurs qui leur font prendre des ombres pour des réalités, de fantastiques images qui toujours se dérobent pour les eaux rafraîchissantes et salutaires de ces oasis qui émergent, hélas! trop rares, parmi les sables brûlants du désert.

Dans cette grande assemblée du concile, les augustes représentants de l'Eglise insisteront auprès des hommes sincères, les adjureront de quitter les voies funestes, de rentrer dans les sentiers du Seigneur. Ils ne se borneront pas, comme l'ont si bien dit les voix les plus éloquentes, les plus autorisées et les plus aimées, à inspirer un juste effroi des catastrophes qui perdent les empires quand ils n'ont plus de foi, que le luxe immodéré les a amollis, que le sensualisme les a gangrénés jusque dans leurs os; non ils feront entendre des voix consolantes; ils montreront qu'il n'est ni honorable ni permis de se désespérer. Ils donneront les conseils les meilleurs et les plus saints. Avec eux sera l'Esprit d'en-haut. Des flots d'une bienfaisante lumière

seront versés sur le monde. Les plus riches dons surnaturels
rendront plus abondante encore cette sève divine qui cir-
cule incessamment dans les veines de l'Église et s'infiltre
jusque dans les profondeurs les plus intimes et les plus
lointaines du corps social tout entier. Oui, le concile, nous
n'en pouvons douter, relèvera tous les courages et redira
comment les hommes doivent tenir haut et ferme ce drapeau sacré qui porte dans ses plis glorieux l'avenir de nos
sociétés. Certes nous ne les calomnierons jamais nos sociétés
contemporaines, mais nous ne craindrons pas de le dire,
toutes grandes et puissantes qu'elles soient, elles n'en portent
pas moins dans leur sein une blessure profonde. Le Saint-
Père et les évêques du monde catholique, tous ensemble,
diront aux nations que le Seigneur les a proclamées guéris-
sables, si elles veulent être guéries. Le Saint-Père et les
évêques diront aux nations avec l'autorité de leur divin mi-
nistère, de recourir aux célestes remèdes, dont riront, s'il
leur plaît, les esprits moqueurs, les hommes trop exclusivement préoccupés des séductions et des intérêts de ce
monde.

Par la voix maternelle de l'Église, à tous il sera dit :
« Mes fils, fugitifs voyageurs de ce monde qui passe, aspirez
« vers les biens éternels ! Soyez de votre temps et de votre
« pays. Aimez, aimez beaucoup votre patrie, mais aussi
« dressez votre cœur en haut. *Sursum corda!* Avant tout
« cherchez le royaume de Dieu et sa justice, c'est le divin
« Maître qui l'a dit, le reste vous sera donné par surcroît,
« car la piété envers Dieu est utile à tout; elle a les pro-
« messes de la vie future. »

Tant que les églises et les écoles seront fréquentées, nous
pouvons avoir pleine confiance dans les destinées de notre
France, car les églises et les écoles, dont toutes les commu-
nes ont été pourvues, sont comme les poumons par lesquels
la société aspire sans interruption, avec la lumière, l'air pur
qui la vivifie et lui ajoute à chaque instant, d'une manière
plus ou moins latente ou plus ou moins rapide, un nouveau
degré de force et de développement. Or, les chaires de nos

cathédrales sont toujours habituées à entendre des voix éloquentes et convaincues. Nos églises de village entendent tous les dimanches de saintes et persuasives homélies qui rappellent, tantôt les touchantes paraboles de l'Évangile, tantôt les principes et les préceptes de cette doctrine sublime qui a policé notre Europe et toujours sera le phare protecteur qui guidera l'humanité dans ses voies.

Tout le monde sait que les écoles sont plus fréquentées que jamais. Les rapports officiels les plus récents démontrent que le chiffre des enfants, je ne parle pas ici des adultes ni des élèves des lycées, collèges ou des hautes institutions, qui fréquentent les écoles publiques élémentaires, s'est élevé depuis quelques années dans une progression toujours croissante.

L'enseignement de la religion et des connaissances usuelles et pratiques, soit exclusivement littéraires ou scientifiques marchant parallélement, nous y voyons une grande sauvegarde pour les temps prochains. Les générations futures, en devenant plus religieuses, seront plus morales, plus viriles, plus instruites, mieux défendues contre les sophismes de l'impiété, contre les surprises de l'ignorance, contre les suggestions mauvaises par lesquelles les esprits pervers, il y en aura toujours, chercheront à soulever les classes populaires et laborieuses contre les hommes qui possèdent et que quelques-uns appellent si dédaigneusement des hommes de loisir, parce qu'ils se permettent de ne pas gaspiller le fruit du travail de leurs pères et celui de leur propre industrie. Est-ce une illusion ou une espérance ? — Serait-ce une illusion ? — N'importe, cette douce illusion nous est chère. Un temps viendra où les hommes s'aimeront d'une affection qui ne sera pas seulement idéale et peinte avec grand fracas sur les murs de certains édifices, mais qui, étant réellement dans le cœur de tous, passera par l'application pratique dans le domaine des faits.

Déjà une grande amélioration s'est produite au sein des populations ouvrières. Les relations entre les patrons et les ouvriers sont en général moins tendues, plus calmes et plus équitables. Les uns et les autres demandent la liberté. Les patrons, la liberté de la bienveillance, de la justice, du dévouement vis-à-vis d'hommes qui ne sont ni de viles machines exploitables, ni des infortunés, non rachetés encore de l'esclavage. Les ouvriers réclament la liberté, non de l'injustice, de la haine et de la vengeance, mais une liberté qui défende leur dignité d'hommes, ayant conscience, non-seulement de leurs droits au respect, à une convenable rémunération du labeur quotidien ; d'hommes sachant être soumis et fidèles, non pas comme le nègre au commandeur d'autrefois, mais comme un bon soldat demeure soumis et fidèle à son drapeau et au chef qui le mène au champ d'honneur.

Considérons aussi le grand nombre des propriétaires actuels. La France compte en effet aujourd'hui plus de vingt-cinq millions de chefs de famille propriétaires de champs, de prairies, de maisons, d'usines, d'ateliers. A cinq personnes par famille, cela ferait vingt-cinq millions de propriétaires en France. Parmi les treize ou quatorze millions qui restent, chaque année, chaque jour augmente le nombre des possesseurs d'un capital plus ou moins important, conquête honorable et légitime du travail et d'une économie bien entendue. La situation des caisses d'épargne et des divers établissements de crédit démontre le mouvement ascensionnel qui s'opère dans le bien-être matériel et moral des classes agricoles et ouvrières.

Bien plus petit qu'en aucun autre État de l'Europe est le nombre des infortunés qui, n'ayant rien reçu de leurs parents, ni rien gagné, ni rien épargné pour eux-mêmes, dénués de toute ressource, vivent au jour le jour, et, en cas de chômage forcé, ou de blessure, ou de maladie, recourent à nos établissements de bienfaisance si nombreux, si richement dotés, si bien administrés, qu'ils sont la juste admiration du monde entier. Or, les choses étant ainsi, les statistiques le constatent, il est évident que la France, parmi les nombreux contreforts qui la soutiennent, a le droit de regarder tous ces propriétaires que nous comptions plus haut, comme des forces admirablement disposées à la défendre, non pas seulement par devoir, par sentiment d'honneur et de patriotisme, mais encore par l'instinct même de leur propre intérêt le plus manifeste. Le motif de l'intérêt personnel étant toujours une puissante incitation à l'accomplissement du devoir, il est indéniable que cette innombrable phalange de propriétaires serait toujours prête, armée permanente et redoutable, à se lever, pour maintenir, s'il le fallait, contre de nouveaux barbares, l'ordre social menacé de voir arracher les pierres d'un de ses plus vénérables fondements. *Pro aris et focis* la France entière serait invincible contre les novateurs stupides et coupables qui voudraient faire de l'ordre avec du désordre, tenter de cimenter une société nouvelle avec le vol, la violence et le sang des frères. Comme la moindre croix de bois qui abrite la plus pauvre tombe d'un cimetière rustique affirme Dieu, la religion, l'immortalité, la plus petite borne plantée entre deux champs affirme la propriété et devient une citadelle qui défend la société.

Quant à ce qui concerne la situation politique de la France, nous aimerions à voir tous les bons citoyens se tenir fermes et inébranlables contre le danger commun. Je veux dire s'il y a réellement un danger commun, car le bruit est plutôt à la surface que dans les entrailles du sol. Les vrais fondements ne sont point ébranlés. Malgré quelques épreuves qu'a surmontées son génie, la France, fortifiée par dix-huit années de calme et de prospérité, a récemment entendu l'Empereur lui promettre de donner satisfaction à des revendications que sa sagesse et l'opinion publique ont reconnues aussi opportunes que légitimes.

Des hommes nouveaux, dignes à la fois de la confiance de l'Empereur et sympathiques au pays, appliqueront les principes renfermés dans la Constitution, inaugureront les réformes réclamées par les vrais amis des lois et de la grandeur de la France.

La liberté fera donc prochainement de magnifiques conquêtes qui tourneront à la stabilité de nos institutions et au bonheur de l'Empire.

Mais, qu'il nous soit permis de donner un conseil à la Liberté dans l'intérêt de sa mission même et notre commun avantage : qu'elle sache répondre à sa vocation, le présent se réjouira et l'avenir sera béni.

Ce seraient plutôt les écarts de la liberté que les erreurs du pouvoir qui, en venant entraver son développement régulier et pacifique, soulèveraient contre elle de justifiables défiances.

Il est du devoir et de l'intérêt d'un gouvernement paternel qui ne redoute pas d'être éclairé, de ne pas prendre arbitrairement des mesures non conciliables avec l'esprit et les besoins du temps. Le chef de l'Etat et ses conseils sauront tout aussi bien que les Démosthène, les Cicéron, les Gracques et les tribuns des clubs, que la Providence ayant soumis les nations comme les individus à la loi du progrès, nulle puissance n'empêchera cette loi, qui couronne l'humanité d'une gloire supérieure, de s'accomplir.

Les événements ont leur logique. Ils ont, surtout en 89, posé les prémisses. La conclusion se dégagera à son heure. Cette heure est venue. Les semences ont été déposées par nos pères dans les sillons de notre patrie. Ces sillons ne peuvent être stériles. Les semences ont germé : elles sortent de terre, demandant à jouir librement des rayons du soleil et de sa chaleur.

Puissent, Dieu aidant, ces plantes grandir promptement afin qu'il nous soit donné de savourer les fruits exquis de la terre promise !....

Si des hommes trop ardents, ne voulant pas comprendre que le mieux est souvent l'ennemi du bien, que les plus grandes choses demandent le plus de sagesse et de mesure, ne voient pas instantanément le triomphe de toutes leurs idées et de tous leurs désirs, qu'ils ne se laissent point aller à des récriminations excessives et passionnées. Leurs fils et leurs petits-fils leur sauront gré de ne pas avoir désespéré de l'avenir dont, il faut en convenir, il ne dépend pas toujours des hommes de forcer les portes d'airain, fussent-ils cent fois plus sages que ces législateurs vénérables que les anciens appelaient des hommes divins et les pères des peuples, fussent-ils cent fois plus forts que l'Hercule antique et le plus colossal des Titans.

Donc, ne désespérons point; travaillons, unissons-nous, et confiance ! Dieu garde la France.

Angers, imp. P. Lachèse, Belleuvre et Dolbeau.